Matthew Maxwell
Der Junge und die Kakerlake

MATTHEW MAXWELL

Der Junge und die Kakerlake

Ein Buch für alle, die frei sind und es noch nicht wissen

Illustrationen von Allie Daigle

Aus dem Amerikanischen von Silvia Autenrieth

KÖSEL

Der Verlag behält sich die Verwertung der urheberrechtlich geschützten Inhalte dieses Werkes für Zwecke des Text- und Data-Minings nach § 44 b UrhG ausdrücklich vor.
Jegliche unbefugte Nutzung ist hiermit ausgeschlossen.

Penguin Random House Verlagsgruppe FSC® N001967

Die Originalausgabe erschien unter dem Titel
How to Hold a Cockroach: A book for those who are free and don't know it
bei Hearthstone, USA.
Copyright © Matthew Maxwell, 2020
Alle Rechte vorbehalten.
Deutsche Ausgabe vermittelt durch Montse Cortazar Literary Agency (www.montsecortazar.com).

Copyright der deutschsprachigen Ausgabe
© 2024 Kösel-Verlag, München,
in der Penguin Random House Verlagsgruppe GmbH,
Neumarkter Str. 28, 81673 München
Alle Rechte vorbehalten.
Redaktion: Ulrike Kretschmer
Umschlag: zero-media.net
Illustrationen: © Allie Daigle
Satz: Satzwerk Huber, Germering
Druck und Bindung: Alföldi Nyomda Zrt., Debrecen
Printed in Hungary
ISBN 978-3-466-34820-6

www.koesel.de

An DAS, genau so wie es ist.

Inhalt

Teil eins – Ein Junge und seine Geschichten   9

Der Junge und die Kakerlake   11
Der Junge und er selbst   17
Der Junge und die Liebe   21
Der Junge und die Vergangenheit   25
Der Junge und die Zukunft   31
Der Junge und das Machen   35
Der Junge und die Anderen   39
Der Junge und der Tod   45
Der Junge und das Leben   53
Der Junge und die Gefühle   59
Der Junge und das Wissen   65
Der Junge und alles   71

Teil zwei – Eine neue Welt   79

Sein   91
Die Wahl   92

Epilog   97

Nachwort   102
Danksagung   106
Über den Autor   110
Über die Illustratorin   111

Teil eins

Ein Junge und seine Geschichten

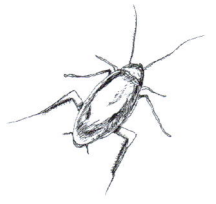

Kapitel eins
DER JUNGE UND DIE KAKERLAKE

Es war einmal ein Junge, der ganz allein bei sich zu Hause lebte. Er saß an seinem Tisch und aß zu Abend, im Großen und Ganzen mit sich und der Welt zufrieden. Wie er da so gemütlich vor sich hin kaute, sah er mit einem Mal eine Kakerlake, die gerade dabei war, die Tischplatte vor ihm zu erklimmen. Sie war groß, braun und widerwärtig. Der Junge bekam Angst. Er schrie auf und brüllte und wollte, dass die Kakerlake verschwand und nie wiederkam.

»Geh weg, Kakerlake!«, brüllte er. »Lass mich in Ruhe!« Die Kakerlake blieb einfach vor ihm sitzen und starrte ihn an. Der Junge hasste Kakerlaken. Er hasste die Gefühle, die sie in ihm auslösten: die Beklommenheit, den Ekel.

Er fand die Kakerlake so abstoßend, dass er keinen Bissen mehr hinunterbekam. So fühlte er sich immer, wenn diese unliebsamen Besucher über sein Zuhause herfielen. *Das Mistvieh macht mich krank!,* dachte er. Er hätte die Kakerlake am liebsten zerquetscht oder hinausgeworfen, aber er traute sich nicht näher an das widerliche Krabbeltier heran. Es schien unmöglich.

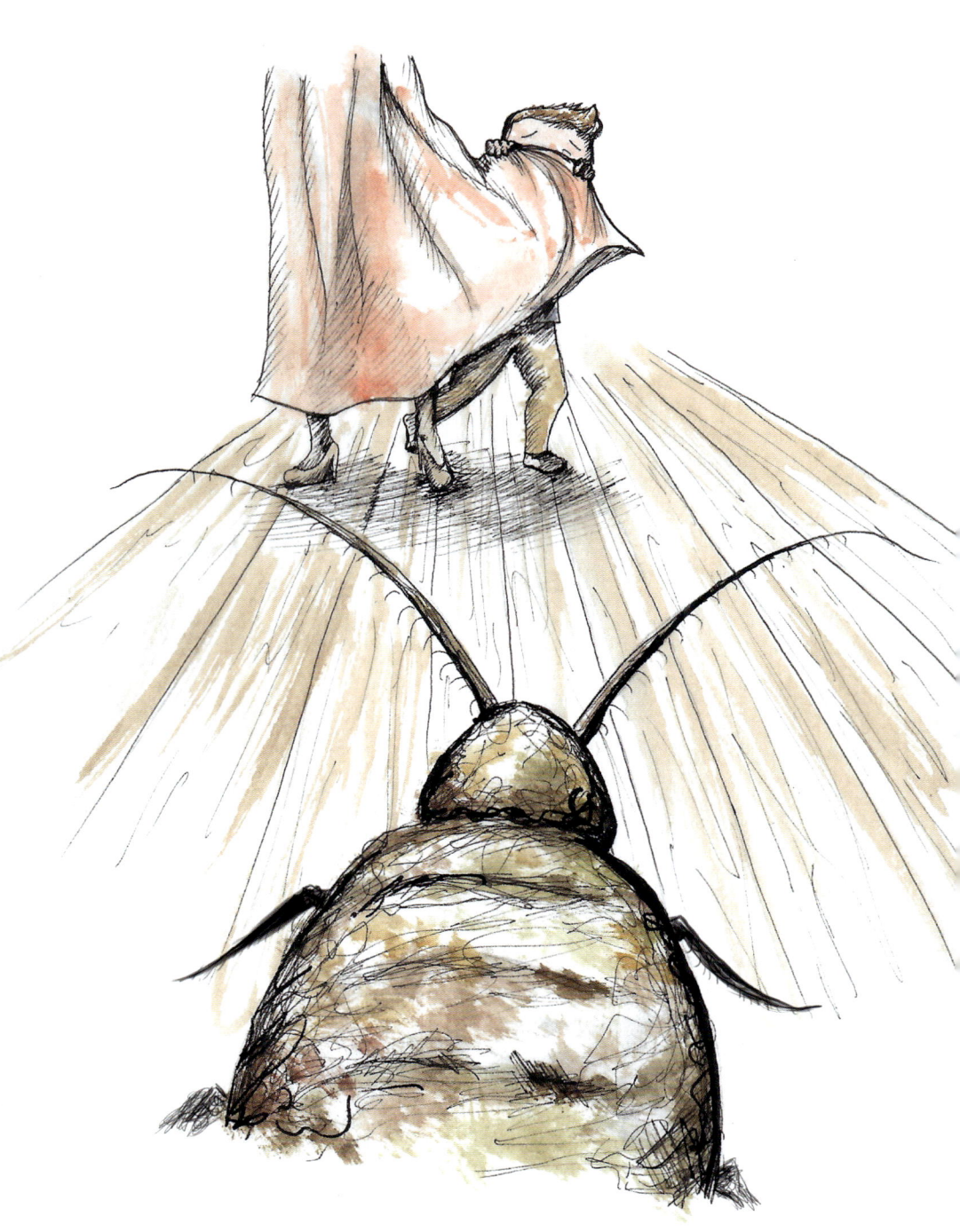

Der Junge fragte sich, warum er Kakerlaken so hasste. Er hatte von Leuten in einem fernen Land gehört, die Kakerlaken sogar als besonderen Leckerbissen zu schätzen wussten. Sie hielten diese Delikatesse mit Genuss in der Hand, wie er vielleicht eine Erdbeere anfassen würde. Doch bei dem bloßen Gedanken daran drehte sich ihm der Magen um – er konnte sich beim besten Willen nicht vorstellen, je eine Kakerlake in die Hand zu nehmen, geschweige denn auf diese Weise!

Einmal, erinnerte er sich, er war noch ganz klein gewesen, hatte seine Mutter eine Kakerlake gesehen und einen spitzen Schrei ausgestoßen. »Geh weg, Kakerlake!«, hatte sie gekreischt. »Lass mich in Ruhe!« Es hatte ihm Angst gemacht, seine Mutter so schreien zu hören. Seit diesem Augenblick war er der Überzeugung, Kakerlaken seien ekelhaft, gefährlich und furchterregend. Er hatte auch immer mehr Beweise dafür gefunden, dass das stimmte. Wie sie die Wand hinaufkrochen, wenn er gerade nichts Böses ahnte. Oder ihm nachts auf der Toilette auflauerten, mit ihrem schuppigen Leib und den gruseligen Fühlern. Und alle Welt schien sich da einig!

Je mehr Zeit ins Land ging, desto wahrer erschien ihm die Geschichte. Irgendwann wusste er nicht mehr, dass sie nur ausgedacht war. Für ihn war es mittlerweile einfach eine Tatsache: Kakerlaken waren ekelhaft, gefährlich und furchterregend. Und so saß er also an diesem Abend am Tisch und bekam die Auswirkungen seiner Überzeugung am eigenen Leib zu spüren. Es grauste ihn, er war in Aufruhr.

Solche Gedanken wälzte der Junge, als er so dasaß und die Kakerlake anstarrte. Sein Herz pochte ihm wild in der Brust.

Und dann geschah ein kleines Wunder. Dem Jungen dämmerte nämlich, dass ihm die Kakerlake nicht Angst machte, weil sie war, wie sie war, sondern wegen dem, wofür er sie hielt. Zum ersten Mal seit sehr langer Zeit fragte er sich, was er eigentlich über Kakerlaken wusste: *Was bist du wirklich?* Neugierig betrachtete er die Kakerlake – so wie er sie als ganz kleiner Junge, vor dem Schrei seiner Mutter, betrachtet hätte. Auf einmal regte sich Mitgefühl in ihm.

Vielleicht sind Kakerlaken ja gar nicht so anders als ich, schoss es ihm durch den Kopf.

Kapitel zwei
DER JUNGE UND ER SELBST

An diesem Abend stand der Junge vor dem Spiegel, putzte sich die Zähne und musterte sich. Er sah aus wie ein Erwachsener. Er war groß, braunhaarig und linkisch. Der Junge bekam Angst. In Gedanken schrie er auf und brüllte und wollte, dass die Person im Spiegel verschwand und nie wiederkam.

»Geh weg, Junge!«, brüllte er. »Lass mich in Ruhe!« Doch das Gesicht im Spiegel blieb einfach da und starrte zurück. Der Junge hasste es, in den Spiegel zu sehen. Er hasste die Gefühle, die dies in ihm auslöste: die Enttäuschung, die Angst.

Er verzweifelte bei seinem Anblick so sehr, dass er sich nicht beruhigen konnte. So fühlte er sich immer, wenn Gedanken an ihn selbst auftauchten. *Ich bin so verkorkst*, dachte er. Er wollte sich geradebiegen, wusste aber nicht, wo er damit anfangen sollte. Es schien unmöglich.

Der Junge fragte sich, was ihn an sich so frustrierte. Er hatte von Leuten gehört, die sich selbst liebten. Sie hielten sich ganz achtsam

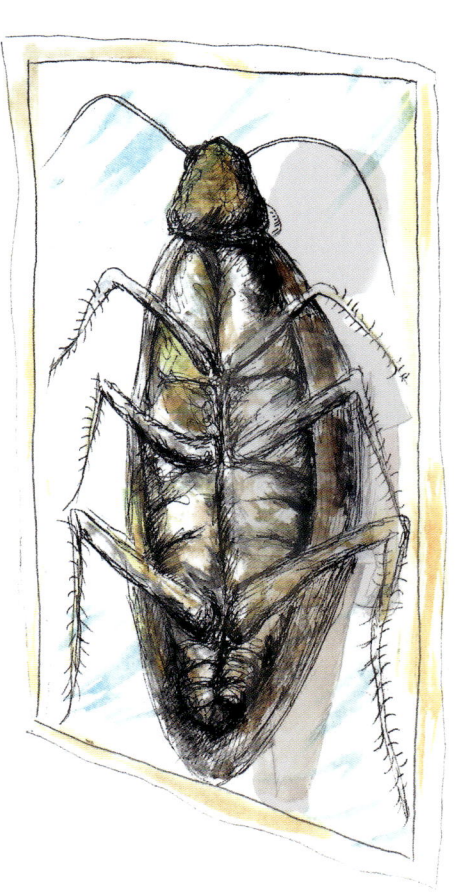

in ihrem Herzen, so wie er eine Frühlingsblüte halten mochte. Das ließ ihn erschauern – er konnte sich nicht vorstellen, so achtsam mit sich selbst umzugehen!

Einmal, erinnerte er sich, er war noch ganz klein gewesen, hatte seine Mutter ihn gesehen und geschrien: »Geh weg, Junge! Lass mich in Ruhe!« Es hatte ihm Angst gemacht, seine Mutter so schreien zu hören. Seit diesem Augenblick war er der Überzeugung, schlecht zu sein, unerwünscht und ungeliebt. Er hatte auch immer mehr Beweise dafür gefunden, dass das stimmte. Wie er Gemeinheiten sagte oder dumme Sachen machte. Oder Leute den Raum verließen, sobald er hinzukam, und tuschelnd zu ihm hinübersahen. Und alle Welt schien sich da einig!

Je mehr Zeit ins Land ging, desto wahrer erschien ihm die Geschichte. Irgendwann wusste er nicht mehr, dass sie nur ausgedacht war. Für ihn war es mittlerweile einfach eine Tatsache: Er war schlecht, unerwünscht und ungeliebt. Und so stand er also an diesem Abend vor dem Spiegel und bekam die Auswirkungen seiner Überzeugung am eigenen Leib zu spüren. Er fühlte sich elend und schämte sich.

Solche Gedanken wälzte der Junge, als er so dastand und sich selbst anstarrte. Sein Gesicht verzog sich zu einer angewiderten Grimasse.

Und dann geschah ein kleines Wunder. Der Junge erinnerte sich an die Kakerlake und daran, wie wenig er über sie gewusst hatte. Ganz allmählich wurde ihm klar, dass er sich nicht verabscheute, weil er war, wie er war. Es ging vielmehr darum, wofür er sich hielt und wofür andere ihn seiner Auffassung nach hielten. Zum ersten Mal seit sehr langer Zeit fragte er sich, was er eigentlich über sich wusste: *Was bist du wirklich?* Neugierig betrachtete er das Gesicht im Spiegel – so wie er es als ganz kleiner Junge, vor dem Schrei seiner Mutter, betrachtet hätte. Auf einmal regte sich Mitgefühl in ihm.

Vielleicht weiß ich ja gar nicht, wer ich bin, schoss es ihm durch den Kopf. *Vielleicht weiß es ja auch sonst niemand.*

Kapitel drei
DER JUNGE UND DIE LIEBE

Der Junge ging in sein Schlafzimmer. Er zog ein Foto aus der Nachttischschublade hervor – das Bild von einem Mädchen, das er geliebt hatte. Er betrachtete ihr wunderschönes Gesicht. Er hatte bei ihrem Anblick immer solche Freude empfunden, nun aber erfüllte das Bild ihn mit Wut und Bedauern. Innerlich schrie er auf und brüllte und wollte, dass die Erinnerung an sie verschwand und nie wiederkam.

»Geh weg, Liebe!«, schrie er gellend. »Lass mich in Ruhe!« Doch das Mädchen auf dem Bild blieb einfach da und starrte ihn an. Der Junge hasste das Bild. Er hasste die Gefühle, die es in ihm auslöste – so ohne Hoffnung und verletzt.

Die Erinnerung an das Mädchen wühlte ihn so sehr auf, dass er nicht lieben konnte. So fühlte er sich immer, wenn die Erinnerung an sie über ihn hereinbrach. *Ich halte das nicht mehr aus!,* dachte er. Er wollte sie vergessen und weitermachen, aber sein Herz konnte sich nicht von ihr lösen. Es schien unmöglich.

Der Junge fragte sich, weshalb er es so hasste, ihr Bild zu sehen. Er hatte von Leuten gehört, die jenen, von denen sie verlassen wur-

den, verziehen. Sie bewahrten sie voller Zärtlichkeit in ihrem Herzen, wie ein kostbares Erbstück. Er ballte die Faust – er konnte sich nicht vorstellen, das zu tun.

Er erinnerte sich an das letzte Mal, als er sie gesehen hatte. Er hatte ihr gesagt, dass er sie liebte, und sie gebeten zu ihm zurückzukommen. Sie aber hatte ihn abgewiesen. »Geh weg, Junge!«, hatte sie geschrien. »Lass mich in Ruhe!« Wie versteinert hatte er dagestanden. Dass jemand, den er liebte, so etwas sagen konnte! In diesem Augenblick begann er zu glauben, die Liebe sei schmerzhaft, gefährlich und furchteinflößend. Er hatte auch immer mehr Beweise dafür gefunden, dass das stimmte. Wie die Liebe ihm das Herz brach, wenn er es am wenigsten erwartete. Oder wie sie ihm gar nicht erst zuteilwurde. Wie es einem die süßesten Erinnerungen madig machte, wenn man von einem geliebten Menschen verlassen wurde. Und alle Welt schien sich da einig!

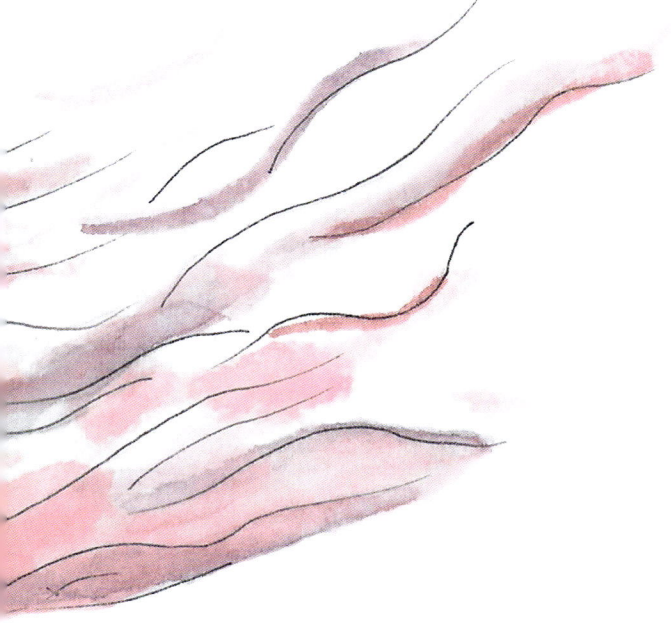

Je mehr Zeit ins Land ging, desto wahrer erschien ihm die Geschichte. Irgendwann wusste er nicht mehr, dass sie nur ausgedacht war. Für ihn war es mittlerweile einfach eine Tatsache: Liebe war schmerzhaft, gefährlich und furchteinflößend. Und da saß er also an diesem Abend in seinem Schlafzimmer und bekam die Auswirkungen seiner Überzeugung am eigenen Leib zu spüren. Er war traurig und fühlte sich allein.

Solche Gedanken wälzte der Junge, als er so dasaß und das Bild anstarrte. Er ließ den Kopf hängen und sah ganz zerknittert aus. Ein Schluchzen entfuhr ihm, doch er unterdrückte die Tränen.

Dann geschah ein kleines Wunder. Der Junge erinnerte sich an die Kakerlake, daran, wie wenig er über sie gewusst hatte. Ihm dämmerte, dass weder die Liebe noch das Mädchen ihn verletzt hatten – verletzt hatte ihn das, wofür er sie hielt, welche Bedeutung er beiden gab. Zum ersten Mal seit sehr langer Zeit fragte er sich, was er eigentlich über das Mädchen auf dem Bild und über die Liebe wusste: *Was seid ihr wirklich?* Neugierig erkundete er die Liebe – so wie er sie als ganz kleiner Junge, bevor ihm zum ersten Mal das Herz gebrochen wurde, erkundet hätte. Ein Gefühl der Befreiung regte sich in ihm.

Vielleicht ist es völlig in Ordnung, dass ich sie geliebt habe, dachte er. *Vielleicht ist es völlig in Ordnung, dass ich sie immer noch liebe.*

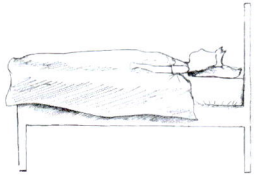

Kapitel vier
DER JUNGE UND DIE VERGANGENHEIT

Gähnend machte der Junge das Licht aus und legte sich schlafen. Es war schon spät. Er ließ den vergangenen Tag mit seinen Höhen und Tiefen Revue passieren. Seine Gedanken wandten sich der Vergangenheit zu – allem, was bis zu diesem Tag geschehen war. Es war schwer, dunkel und enttäuschend. Es machte den Jungen traurig. Er ballte entschlossen die Fäuste und wollte, dass seine Erinnerungen verschwanden und nie wiederkamen.

»Geh weg, Vergangenheit!«, flehte er. »Lass mich in Ruhe!« Doch die Vergangenheit blieb einfach da und starrte ihn an. Der Junge hasste die Vergangenheit. Er hasste die Gefühle, die sie in ihm weckte – die ganze Frustration und Verzweiflung.

Die Vergangenheit wühlte ihn so sehr auf, dass er nicht schlafen konnte. So fühlte er sich immer, wenn sie seine Gedanken derart beherrschte. *Ich habe alles vermasselt!*, dachte er. Er wollte ändern, wie es gelaufen war, aber es gab kein Zurück. Es schien unmöglich.

Der Junge fragte sich, warum er die Vergangenheit so sehr hasste. Er hatte von Leuten gehört, die sich mit schrecklichen Schwierigkeiten herumschlugen und trotzdem ihren Frieden damit machten, wie ihr Leben gelaufen war. Sie hielten die Vergangenheit voller Dankbarkeit in ihren Gedanken, so wie der Junge eine Schale mit wärmender Suppe halten mochte. Das machte ihn misstrauisch – er konnte sich nicht vorstellen, die Vergangenheit so wertzuschätzen.

Einmal, erinnerte er sich, er war noch ganz klein gewesen, hatte er versucht, sich gegen seine Mutter zu behaupten. Das jedoch hatte seinen Vater in Rage versetzt, der ihn unsanft zu Boden gestoßen hatte. »Geh weg, Junge!«, hatte sein Vater geblafft. »Lass deine Mutter in Ruhe!« Es hatte ihm Angst gemacht, von seinem Vater so angegangen zu werden. Seit diesem Augenblick war er der Überzeugung, das Geschehene sei ungerecht und tragisch, voller Fehler und Kummer. Er hatte auch immer mehr Beweise dafür gefunden, dass das stimmte. Wie er sich immer wieder vergeblich abmühte. Wie es immer wieder darauf hinauslief, dass andere sich über ihn ärgerten und er sie enttäuschte. Wie oft etwas einfach nicht so lief, wie es sollte. Und alle Welt schien sich da einig!

Je mehr Zeit ins Land ging, desto wahrer erschien ihm die Geschichte. Irgendwann wusste er nicht mehr, dass sie nur ausgedacht war. Für ihn war es mittlerweile einfach eine Tatsache: Die Vergangenheit war ungerecht und tragisch, ein Haufen Fehler und Kümmernisse. Und da lag er also in dieser Nacht in seinem Bett und bekam die Auswirkungen seiner Überzeugung am eigenen Leib zu spüren. Er war ohne Hoffnung und traurig.

Solche Gedanken wälzte der Junge, als er so dalag und der Vergangenheit ins Gesicht starrte. Sein Brustkorb hob und senkte sich schwer, und es schnürte ihm die Kehle zu.

Dann geschah ein kleines Wunder. Der Junge erinnerte sich an die Kakerlake. Ihm dämmerte, dass gar nicht die Vergangenheit als solche ihn traurig gemacht hatte, sondern wie er sie deutete. Zum ersten Mal seit sehr langer Zeit fragte er sich, was er eigentlich über die Vergangenheit wusste: *Was bist du wirklich?* Neugierig betrachtete er die Geschehnisse – so wie er sie als ganz kleiner Junge, bevor ihn sein Vater zum ersten Mal zu Boden stieß, betrachtet hätte. Vergebung regte sich in ihm.

*Vielleicht hätten die Dinge gar nicht so oder so sein sollen,
dachte er. Die Dinge sind einfach nur, wie sie sind.*

Kapitel fünf
DER JUNGE UND DIE ZUKUNFT

Der Junge schlug die Augen auf und bemerkte, dass der nächste Morgen gekommen war. Er war über seinen Gedanken über die Vergangenheit eingeschlafen. Er gähnte und streckte sich nach allen Seiten. Wie er so dalag und an die Decke starrte, wandten sich seine Gedanken dem bevorstehenden Tag zu. Er kam ihm lang, grässlich und trostlos vor. Die Gedanken versetzten den Jungen in Unruhe. Er malte sich weiter aus, was passieren würde, stellte Zukunftsprognosen an und sah die Schwierigkeiten vor sich, die die kommenden Tage und Jahre mit sich bringen würden. Er schrie auf und brüllte und wollte, dass die Zukunft verschwand und nie wiederkam.

»Geh weg, Zukunft!«, brüllte er. »Lass mich in Ruhe!« Doch die Zukunft blieb einfach da und starrte ihn an. Der Junge hasste die Zukunft. Er hasste die Gefühle, die sie in ihm weckte: die Sorge, das Alleinsein.

Er fürchtete sich so sehr vor dem bevorstehenden Tag, dass er sich nicht dazu aufraffen konnte, das Bett zu verlassen. So war ihm immer zumute, wenn sich die Zukunft seiner Gedanken bemäch-

tigte. *Wie stehe ich das nur durch?,* dachte er. Er wollte die Zukunft ja genießen, aber sie erschien ihm so düster. Es schien unmöglich. Der Junge fragte sich, warum er die Zukunft so fürchtete. Er hatte von Leuten gehört, die sich auf das Leben freuten. Sie begegnetem dem, was da kommen würde, mit freudiger Erwartung. Sie hielten die Zukunft in den Händen wie ein ungeöffnetes Geschenk. Der Junge zuckte zusammen – er konnte sich nicht vorstellen, der Zukunft so zu begegnen.

Einmal, erinnerte er sich, er war noch viel jünger gewesen als jetzt, hatte er sich schon beim Aufwachen auf eine Party gefreut, die für diesen Abend geplant gewesen war. Dann jedoch war er ganz früh eingeschlafen und hatte die Party verpasst. »Geh weg, Junge!«, schienen die Gäste ihm zugerufen zu haben. »Lass uns in Ruhe!« Er war so enttäuscht gewesen, dass er die Party einfach so verschlafen hatte. Er gelangte zu der Überzeugung, die Zukunft halte nichts als herbe Enttäuschungen bereit. Nie würde sie so werden, wie wir es uns erhofften. Er hatte auch immer mehr Beweise dafür gefunden, dass das stimmte. Wie Pläne fehlschlugen und Erwartungen enttäuscht wurden. Am besten hoffte man gar nicht erst. Und alle Welt schien sich da einig!

Je mehr Zeit ins Land ging, desto wahrer erschien ihm die Geschichte. Irgendwann wusste er nicht mehr, dass sie nur ausgedacht war. Für ihn war es mittlerweile einfach eine Tatsache: Die

Zukunft schaffte es immer wieder, uns zu enttäuschen, und alles kam ganz anders als erhofft. Und da lag er also im Morgengrauen in seinem Zimmer und bekam die Auswirkungen seiner Überzeugung am eigenen Leib zu spüren. Er war voller Sorge und deprimiert. Er wünschte sich eine bessere Zukunft, hatte aber gleichzeitig Angst, alles mit jeder Entscheidung nur noch schlimmer zu machen.

Solche Gedanken wälzte der Junge, als er so dalag, voller Furcht vor dem bevorstehenden Tag. Er stieß einen tiefen Seufzer aus.

Dann geschah ein kleines Wunder. Der Junge erinnerte sich an die Kakerlake. Ihm dämmerte, dass seine Angst vor der Zukunft nicht der Zukunft galt, so wie sie war. Vielmehr fürchtete er sich davor, wie sie seiner Überzeugung nach sein würde: eine Fortsetzung der Fehler und Enttäuschungen der Vergangenheit. Zum ersten Mal seit sehr langer Zeit fragte er sich, was er eigentlich über die Zukunft wusste: *Was könntest du sonst noch sein, Zukunft?* Neugierig betrachtete er die Zukunft – so wie er sie als ganz kleiner Junge, bevor sich zum ersten Mal ein Traum zerschlug, betrachtet hätte. Er spürte Hoffnung in sich aufkeimen.

Vielleicht wird heute ja so wie die Tage davor, schoss es ihm durch den Kopf. *Vielleicht wird es aber auch ganz anders.*

Kapitel sechs
DER JUNGE UND DAS MACHEN

Der Junge stand auf, um zu frühstücken. Er saß allein an seinem Tisch und war im Großen und Ganzen mit sich und der Welt zufrieden. Wie er so vor sich hin mümmelte, schob sich vor seinem geistigen Auge eine ellenlange To-do-Liste auf den Tisch vor ihm – Gespräche, die anstanden; Aufgaben, die es zu erledigen galt; Besorgungen; Arbeitsaufträge, die auf ihn warteten; die ganzen Sachen, die er zu tun versprochen und noch nicht gemacht hatte. Dem Jungen wurde das alles zu viel. Er schrie auf und brüllte und wollte, dass die Aufgaben verschwanden und nie wiederkamen.

»Was soll das?!«, rief er verzweifelt. »Ich kann nicht mehr!« Aber die Liste lag einfach da und starrte ihn an. Der Junge hasste es, immer irgendetwas machen zu müssen. Er hasste die Gefühle, die dies in ihm auslöste: sich wie unter einem Berg von Arbeit begraben und wie in der Falle vorzukommen. Das machte ihn wütend.

Die Dinge, die er erledigen sollte, überforderten ihn so sehr, dass er am liebsten weglaufen und nie wieder zurückkommen wollte. So ging es ihm jedes Mal, wenn er an all die Dinge dachte, die er machen sollte. *Ich hasse das!,* dachte er. Er musste das alles fertigbekommen, aber es war zu viel, er wusste nicht, wie, und er wollte nicht. Es schien unmöglich.

Der Junge fragte sich, warum er sich vor all den Aufgaben eigentlich so fürchtete. Er hatte von Leuten gehört, die das, was sie machten, gern machten. Ihre Arbeit ging ihnen leicht von der Hand, und sie hatten so viel Spaß dabei wie er beim Rodeln. Das machte ihn neidisch – er konnte sich nicht vorstellen, seine Arbeit so zu genießen!

Einmal, erinnerte er sich, er war noch sehr jung gewesen, hatte er sich richtig Mühe gegeben mit einer Hausaufgabe und war voller Stolz damit in die Schule gekommen. »Was soll das?!«, hatte der Lehrer ihn ermahnt. »Das machst du noch einmal, und dieses Mal richtig!« Er war sehr überrascht gewesen, dass sein Lehrer ihn derart getadelt hatte. Es war ihm peinlich gewesen und hatte ihn traurig gemacht. Seit diesem Augenblick war er der Überzeugung, dass Aufgaben eben zu erledigen seien, und zwar richtig. Er hatte auch immer mehr Beweise dafür gefunden, dass das stimmte. Wie man derart viel von ihm verlangte. Wie er gelobt wurde, wenn er seine Sache gut machte. Und gescholten, wenn nicht. Und alle Welt schien sich da einig!

Je mehr Zeit ins Land ging, desto wahrer erschien ihm die Geschichte. Irgendwann wusste er nicht mehr, dass sie nur ausge-

dacht war. Für ihn war es mittlerweile einfach eine Tatsache: Aufgaben waren zu erledigen, und das gut. Und da saß er also an diesem Morgen beim Frühstück und bekam die Auswirkungen seiner Überzeugung am eigenen Leib zu spüren: der unentwegte Zwang zum Tun und Machen. Sich alles merken zu müssen, sich einfallen lassen zu müssen, wie es zu bewerkstelligen war, und es nicht vermasseln zu dürfen.

Solche Gedanken wälzte der Junge, als er so dasaß und die Aufgabenliste anstarrte. Er atmete flach und gepresst.

Dann geschah ein kleines Wunder. Der Junge erinnerte sich an die Kakerlake. Ihm dämmerte, dass er nicht deshalb Angst vor dem Machen und dem Nicht-Machen hatte, weil diese Dinge waren, wie sie waren, sondern wegen dem, wofür er sie gehalten hatte. Zum ersten Mal seit sehr langer Zeit fragte er sich, was eigentlich getan werden musste: *Was ist das Machen überhaupt?* Er betrachtete das Machen neugierig – so wie er es als ganz kleiner Junge, bevor er seine Hausaufgabe vermasselte, betrachtet hätte. Mitgefühl regte sich ihn ihm.

Einiges muss vielleicht getan werden – oder vielleicht auch nicht, dachte er. *Und wer entscheidet darüber, ob es richtig gemacht wird?*

Kapitel sieben
DER JUNGE UND DIE ANDEREN

Später an diesem Morgen saß der Junge in seinem Auto und war im Großen und Ganzen mit sich und der Welt zufrieden. Als er so am Steuer saß und vor sich hin fuhr, sah er mit einem Mal dichten Verkehr vor sich. Sein Wagen kam zum Stehen, ausgebremst von der endlosen Fahrzeugkolonne vor ihm. Das war ärgerlich und blöd. Es machte den Jungen fuchsteufelswild. Er schrie auf und brüllte und wollte, dass die ganzen Leute und ihre Blechkisten verschwanden und nie wiederkamen.

»Macht schon!«, brüllte er. »Weg da!« Aber die Autos standen einfach nur da und starrten ihn an. Der Junge hasste den Verkehr und er hasste die Leute, die ihn verursachten. Er hasste es, wie er sich dabei fühlte, fahrig und unruhig.

Er war so angewidert von den Leuten in ihren Autos, dass er es in ihrer Nähe kaum aushielt. So war ihm immer zumute, wenn andere ihm derart in die Quere kamen. *Lasst mich durch, Leute!*, dachte er. Er wollte an sein Ziel, aber der Verkehr war so dicht, dass es kein Hindurchkommen gab. Es schien unmöglich.

Der Junge fragte sich, warum er alle Welt eigentlich so hasste. Er hatte von Leuten gehört, die andere wertschätzten, selbst wenn sie ihnen in die Quere kamen. Er hatte Leute gesehen, die gut gelaunt mitten im Berufsverkehr steckten, so wohlig-entspannt, wie der Junge vor einer Piña Colada sitzen würde. Er hatte dafür nur Spott übrig – so etwas konnte er sich beim besten Willen nicht vorstellen!

Einmal, erinnerte er sich, er war noch ganz klein gewesen, hatte er in einer Warteschlange gestanden und war von einem älteren Jungen angerempelt und unsanft beiseitegeschoben worden. »Hey, du!«, hatte der Raufbold drohend gesagt. »Geh mir aus dem Weg!« Es hatte dem Jungen Angst gemacht, derart grob zur Seite geschubst zu werden. Von da an glaubte er, Menschen seien gemein und hätten es auf ihn abgesehen. Er hatte auch immer mehr Beweise dafür gefunden, dass das stimmte. Wie der Straßenverkehr immer zum ungünstigsten Zeitpunkt so schlimm war. Wie Leute sich wie Rowdys aufführten und sich Gemeinheiten an den Kopf warfen. Wie sie ihm Sachen wegnahmen und ihn um Dinge brachten, die er wollte. Und alle Welt schien sich da einig!

Je mehr Zeit ins Land ging, desto wahrer erschien ihm die Geschichte. Irgendwann wusste er nicht mehr, dass sie nur ausge-

dacht war. Für ihn war es mittlerweile einfach eine Tatsache: Die Menschen waren gemein und hatten es auf ihn abgesehen. Und hier stand er also an diesem Tag im Stau und bekam die Auswirkungen seiner Überzeugung am eigenen Leib zu spüren: Er war zornig und allein.

Solche Gedanken wälzte der Junge, als er so dasaß und die Autokolonne vor sich anstarrte. Er schlug den Kopf gegen das Lenkrad.

Dann geschah ein kleines Wunder. Der Junge erinnerte sich an die Kakerlake. Ihm dämmerte, dass er nicht wütend auf die Leute war, weil sie waren, wie sie waren, sondern wegen dem, wofür er sie hielt. Zum ersten Mal seit sehr langer Zeit fragte er sich, was er eigentlich über andere wusste: *Was sind wir wirklich?* Er betrachtete die Menschen um sich herum mit Neugier – so wie er sie als ganz kleiner Junge, bevor er das erste Mal weggeschubst wurde, betrachtet hätte. Auf einmal regte sich Mitgefühl in ihm.

Vielleicht stecke ich ja nicht nur im Verkehr fest, dachte er.
Ich stecke auch in all diesen Geschichten fest.

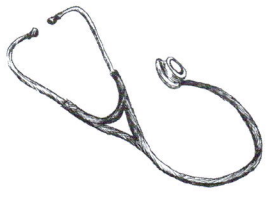

Kapitel acht
DER JUNGE UND DER TOD

Schließlich löste sich der Stau auf, und der Junge konnte zu seinem Termin fahren. Er saß lange im Wartezimmer eines Krankenhauses.

Er versuchte, keine Angst zu haben, hatte aber Angst. Mit ernster Miene erschien der Arzt.

Der Arzt teilte ihm die Ergebnisse der Untersuchung mit. Es sah nicht gut aus. Vermutlich hatte der Junge nicht mehr lange zu leben.

Damit verließ der Arzt das Zimmer. Der Junge sah eine Kakerlake die Wand hinaufkrabbeln. Doch das spielte keine Rolle, denn der Tod war erschienen. Er war düster und undurchschaubar, das Schrecklichste, was er sich vorstellen konnte. Den Jungen packte eine entsetzliche Angst.

Er erstarrte und wollte, dass der Tod verschwand und nie wiederkam. »Geh weg, Tod«, flüsterte er. »Lass mich in Ruhe!« Aber der Tod stand einfach da und starrte ihn an. Der Junge hasste den Tod. Er hasste die Gefühle, die er in ihm auslöste, den Schock.

Der Gedanke an seinen Tod machte den Jungen so fassungslos, dass es ihm den Atem verschlug. So fühlte er sich immer, wenn Gedanken an den Tod aufstiegen, aber noch nie schien ihm der Tod so nah gewesen zu sein wie jetzt. *Das ergibt einfach keinen Sinn,* dachte er.

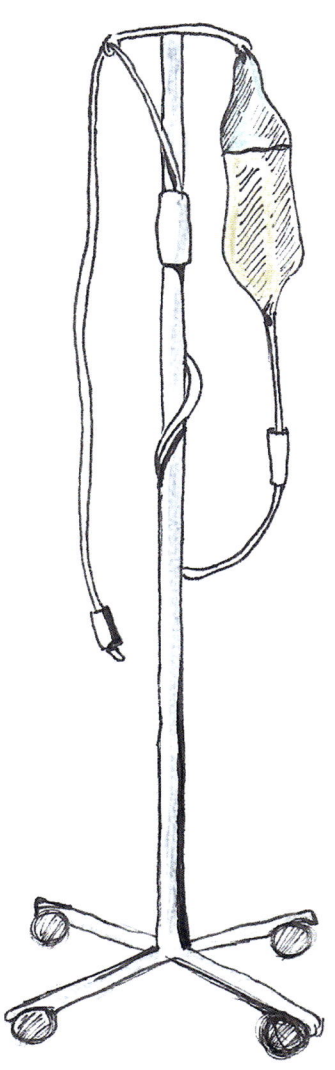

Er wollte seine Krankheit behandeln lassen, aber vielleicht wäre das mit zu viel Schmerzen verbunden. Und was, wenn es nicht funktionierte? Es schien unmöglich.

Der Junge fragte sich, warum er den Tod so sehr hasste. Er hatte von Menschen in einem fernen Land gehört, die den Tod ehrten. Sie hießen ihn mit innerem Frieden und Geduld willkommen, wie der Junge einen alten Freund willkommen heißen würde. Der Junge begann zu zittern – er konnte sich nicht vorstellen, den Tod auf eine solche Weise zu empfangen!

Einmal, erinnerte er sich, er war noch ganz klein gewesen, war seine Großmutter sehr krank geworden. Der Junge und seine Familie hatten sich an ihrem Bett versammelt, bis sie schließlich ihren letzten Atemzug getan hatte. Der Großvater des Jungen hatte schluchzend an ihrer Seite gesessen. »Geh weg, Tod!«, hatte er weinend geschrien. »Lass sie in Ruhe!« Es hatte ihm Angst eingejagt, seinen Großvater so weinen zu hören. Von da an glaubte er, der Tod sei furchterregend und grauenvoll, furchterregender als irgendetwas sonst. Er hatte auch immer mehr Beweise dafür gefunden, dass das stimmte. Wie der Tod plötzlich und unerwartet kommen konnte oder nach langer Krankheit, wie er Jung und Alt heimsuchte, wie er, egal wann er kam, nie zur rechten Zeit kam. Und alle Welt schien sich da einig!

Je mehr Zeit ins Land ging, desto wahrer erschien ihm die Geschichte. Irgendwann wusste er nicht mehr, dass sie nur ausgedacht war. Für ihn war es mittlerweile einfach eine Tatsache: Der Tod war furchterregend und grauenvoll. Und da saß er also an diesem Tag im Sprechzimmer des Arztes und bekam die Auswirkungen seiner Überzeugung am eigenen Leib zu spüren. Er war starr vor Angst. Solche Gedanken wälzte der Junge, als er den Untersuchungsbericht anstarrte. Er konnte kaum atmen.

Dann geschah ein kleines Wunder. Der Junge erinnerte sich an die Kakerlake. Ihm dämmerte, dass sich seine Angst vor dem Tod nicht auf das bezog, was der Tod tatsächlich war, sondern auf das, wofür er ihn hielt. Zum ersten Mal seit sehr langer Zeit fragte er sich, was er eigentlich über den Tod wusste: *Was bist du wirklich?* Er betrachtete den Tod mit Neugier – so wie er ihn als ganz kleiner Junge, bevor seine Großmutter starb, betrachtet hätte. Gnade umfing ihn.

Vielleicht steht mein Tod ja bevor, vielleicht sogar bald, dachte er.

Aber noch ist er nicht da.

Kapitel neun
DER JUNGE UND DAS LEBEN

Der Junge ging zur Cafeteria des Krankenhauses und setzte sich allein an einen Tisch. Er aß zu Mittag und fühlte sich im Großen und Ganzen schrecklich. Er dachte an den Tod und wie es wohl wäre zu sterben; wie es wohl wäre, nicht zu leben. Wie er bedächtig kauend dasaß, packte ihn Zorn auf das Leben – darauf, dass es so sein musste. Das Leben war schmerzhaft, öde und einsam. Es versetzte den Jungen in Rage. Er schäumte vor Wut und fluchte und wollte, dass das Leben entweder lebenswert war oder sich aus dem Staub machte und ihm gestohlen blieb.

»Hey, Leben!«, wetterte er. »Lass mich in Ruhe!« Aber das Leben stand einfach nur da und starrte ihn an. Der Junge hasste das Leben. Er hasste die Gefühle, die es in ihm auslöste. Er war zornig und außer sich.

Er war so wütend auf das Leben, dass der Tod beinahe die bessere Option schien. So war ihm jedes Mal zumute, wenn das Leben ihm so düster vorkam. *Was soll das Ganze?!*, dachte er. Er wollte das Leben ja genießen, aber dieses Leben fühlte sich oft so erbärmlich an. Er wusste nicht, wie er dem Leiden Einhalt gebieten konnte. Es schien unmöglich.

Der Junge fragte sich, warum er das Leben so sehr hasste. Er hatte von Leuten gehört, die ihr Leben doch tatsächlich liebten. Sie lebten froh und so federleicht, wie sich der Junge fühlen mochte, wenn er sich auf einem Schwimmreifen einen Gebirgsbach hinabtreiben ließ. Dass diese Leute das Leben so erlebten, machte ihn wütend – das konnte er sich nicht vorstellen!

Einmal, erinnerte er sich dunkel, er war noch recht klein gewesen, war jemand sehr wütend auf ihn. Er konnte sich nicht erinnern, wer das gewesen war oder was derjenige gesagt hatte – nur ein Aufflammen von Zorn, gegen ihn gerichtet. Es hatte ihn furchtbar geängstigt, zur Zielscheibe eines solchen Zorns zu werden, und dieser Schrecken hatte ihn seitdem nicht losgelassen. Seit diesem Augenblick war er der Überzeugung, das Leben hasse ihn. Dass er sich vor ihm schützen müsse. Dass es eine wahre Qual sei. Er hatte

auch immer mehr Beweise dafür gefunden, dass das stimmte. Wie Kakerlaken auftauchten und einem die leckerste Mahlzeit ruinieren konnten. Wie sich Staus immer just dann bildeten, wenn es am ungelegensten kam. Wie Partys ohne ihn stattfanden und wie die Liebe ihm das Herz brach. Wie das Leben oft so voller Schmerz war und wie sogar die guten Momente, wenn es überhaupt welche gab, flüchtig und dünn gesät waren. *Genauso ist das Leben,* dachte er oft, frustriert und resigniert. Und alle Welt schien sich da einig!

Je mehr Zeit ins Land ging, desto wahrer erschien ihm die Geschichte. Irgendwann wusste er nicht mehr, dass sie nur ausgedacht war. Für ihn war es mittlerweile einfach eine Tatsache: Das Leben war gegen ihn. Eine Bedrohung, vor der es sich zu schützen galt. Eine Bürde, die man eben schultern musste. Und da saß er also an diesem Tag in der Cafeteria und bekam die Auswirkungen seiner Überzeugung am eigenen Leib zu spüren. Er war einsam, verängstigt und erschöpft.

Solche Gedanken wälzte der Junge, als er so dasaß und das Leben anstarrte. Seine Hände ballten sich zur Faust, und er presste die Kiefer aufeinander.

Dann geschah ein kleines Wunder. Der Junge erinnerte sich an die Kakerlake. Ihm wurde klar, dass sich diese Wut auf das Leben, die er in sich trug, nicht darauf bezog, dass das Leben war, wie es war, sondern darauf, wofür er es hielt. Zum ersten Mal überhaupt fragte er sich, was er eigentlich über das Leben wusste: *Was ist es wirklich?* Er betrachtete das Leben mit Neugier – so wie er die Dinge als kleiner Junge betrachtet hätte, vor dieser ersten Erinnerung an Angst und Schrecken. Mitgefühl regte sich in ihm.

Vielleicht bedeutet das Leben, was auch immer es unserer Meinung nach bedeutet, dachte er. *Vielleicht bedeutet es aber auch gar nichts.*

Kapitel zehn
DER JUNGE UND DIE GEFÜHLE

Der Junge fuhr vom Krankenhaus zu einem Wanderweg, der durch den Wald führte. Er hatte einen Job, aber an einem Tag wie diesem konnte er mit Arbeit herzlich wenig anfangen. Er setzte sich auf eine Bank, betrachtete die Bäume und das Gras und dachte über den Tod und sein Leben nach. Er ließ die Ereignisse und was sie bedeuteten Revue passieren. Während er dort auf der Bank saß und düsteren Grübeleien nachhing, spürte er, wie Gefühle von seinem Körper Besitz ergriffen. Sie reichten tief und drohten, ihn zu überwältigen. Sie machten dem Jungen Angst. Er ballte die Hände zur Faust und wehrte sich. Er wollte, dass die Gefühle weggingen und nie wiederkamen.

»Geht weg, Gefühle!«, herrschte er sie an. »Kommt nicht zurück, ehe ihr euch nicht wieder eingekriegt habt!« Doch die Gefühle wurden nur noch stärker und machten sich in Brust und Eingeweiden breit. Der Junge hasste Gefühle. Er hasste es, was sie in ihm wachriefen. Ihm war übel, er schien die Kontrolle zu verlieren.

Die Gefühle machten ihm solche Angst, dass er nicht einfach nur sein konnte. So fühlte er sich jedes Mal, wenn starke Gefühle sich

seiner zu bemächtigen suchten. *Ich kann das einfach nicht!*, dachte er. Er wollte sich besser fühlen, sich vom Schmerz ablenken, aber die Gefühle waren zu heftig, er konnte sie nicht ignorieren. Es schien unmöglich.

Der Junge fragte sich, warum er Gefühle so sehr hasste. Er hatte Leute gekannt, die weinen und ihre Wut ausdrücken konnten. Sie ließen sich von ihren Gefühlen durchströmen, wie der Junge in einem stürmischen Regenschauer stehen mochte. Er spannte sich unwillkürlich an – er konnte es sich nicht vorstellen, seinen Gefühlen derart freien Lauf zu lassen!

Einmal, erinnerte er sich, er war noch klein gewesen, hatte ihm irgendetwas Angst gemacht und er hatte zu weinen begonnen. »Geh weg, du Heulsuse!«, hatte seine große Schwester ihn angeblafft und auf sein Zimmer geschickt. »Und komm nicht zurück, bevor du dich nicht wieder eingekriegt hast!« Es war demütigend für ihn gewesen, so angeherrscht und verbannt zu werden. Von da an glaubte er, Gefühle seien schlecht und peinlich. Wenn er sie hatte, war mit ihm wohl etwas nicht in Ordnung. Er hatte auch immer mehr Beweise dafür gefunden, dass das stimmte. Wie Gefühle ihn dazu brachten, sich ganz schrecklich zu fühlen. Wie Leute, die weinten, von anderen ausgelacht wurden. Wie Menschen furchtbare Dinge sagten oder taten, wenn Wut in ihnen aufstieg. Und alle Welt schien sich da einig!

Je mehr Zeit ins Land ging, desto wahrer erschien ihm die Geschichte. Irgendwann wusste er nicht mehr, dass sie nur ausgedacht war. Für ihn war es mittlerweile einfach eine Tatsache: Gefühle waren schlecht und peinlich, und bei dem, der so etwas hatte, war etwas nicht in Ordnung. Und da saß er also an diesem Tag auf der Bank und bekam die Auswirkungen seiner Überzeugung am eigenen Leib zu spüren: Er war angespannt und müde davon, all die Wut und die Traurigkeit immer wieder hinunterzuschlucken.

Solche Gedanken wälzte der Junge, als er so dasaß und seine Gefühle unterdrückte. Sein Unterkiefer begann zu beben.

Dann geschah ein Wunder. Er konnte die Gefühle nicht mehr zurückhalten. Die Angst vor dem Tod. Den Schmerz des Liebeskummers. Die Überforderung durch das ständige Machenmüssen. Die ganze Herausforderung des Lebens selbst. Auf einmal war es zu viel, um darüber hinwegzusehen. Er vergrub das Gesicht in den Händen und begann zu weinen. Schluchzend weinte er die Tränen des kleinen Jungen, der von seiner Mutter gesagt bekam, er solle sie in Ruhe lassen. Er vergoss die Tränen des Mannes, dem die Liebe das Herz gebrochen hatte. Er weinte um den Jungen, der die Party

verpasste, und um den Mann, dessen Arzt ihm sagte, er hätte nicht mehr lange zu leben. Er weinte bis die Tränen versiegten und hielt sie nicht mehr zurück durch das, wofür er sie mal gehalten hatte.

Er holte tief Luft. Tiefer, als er es seit langer, langer Zeit getan hatte.

Plötzlich begann er, vor Zorn zu beben. Die unbändige Wut des Jungen, der es hasste, sich selbst im Spiegel zu sehen. Dessen Vater ihn zu Boden gestoßen hatte. Der ausgeschlossen worden war und sein Leben lang allein hatte zurechtkommen müssen. Er ließ die Wut hochkochen, die tief in ihm begraben lag und die zu fühlen er sich nie erlaubt hatte. Sein Körper zitterte und bebte. Er rannte tief in den Wald hinein, hob einen Ast vom Boden auf und schlug damit auf die staubige Erde ein, immer wieder. Dabei brüllte und tobte er: »Nein! Nein! NEIN!«, bis der Ast schließlich zerbrach und es nichts mehr herauszuschreien gab.

Überrascht stand der Junge schwer atmend da. Sein Körper hatte sich endlich frei gemacht von der Anspannung, die er so lange in sich festgehalten hatte. Wieder begann er zu weinen, doch dieses Mal waren es sanftere Tränen. Ihm dämmerte, dass sich seine Angst vor Gefühlen nicht darauf bezog, wie sie waren, sondern darauf, wofür er sie hielt. Zum ersten Mal seit sehr langer Zeit fragte er sich, was er eigentlich über Gefühle wusste: *Was seid ihr wirklich?* Neugierig spürte er der Energie in seinem Körper nach – so wie er sie als ganz kleiner Junge gefühlt hätte, bevor er zum ersten Mal für seine Tränen kritisiert wurde. In ihm wurde es weit.

Vielleicht sind Gefühle ja dazu da, gefühlt zu werden, dachte er. *Und sie zu fühlen heißt nicht, dass bei uns etwas nicht in Ordnung ist.*

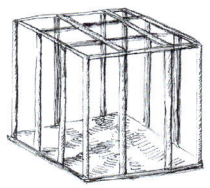

Kapitel elf
DER JUNGE UND DAS WISSEN

Der Junge ging zurück zu der Bank am Wanderweg. Dort setzte er sich wieder hin und starrte die Bäume und das Gras an, frei vom Würgegriff seiner Gefühle. Er dachte an das, was kommen mochte. Er dachte an all das, was er zu wissen meinte, aber vielleicht ja doch nicht wusste. Seine Gedanken füllten sich mit Zweifeln, während er darüber nachsann, was er nicht wusste: Was das Leben war. Ob der Tod unmittelbar bevorstand. Ob irgendetwas von all dem einen Sinn hatte. Das Nicht-Wissen war schreckenerregend. Es machte dem Jungen Angst. Er war nervös und unruhig und wollte, dass das Nicht-Wissen verschwand und nie wiederkam.

»Komm schon!«, sagte er sich. »Sei doch nicht blöd.« Aber das Nicht-Wissen blieb einfach da und starrte ihn an. Der Junge hasste das Nicht-Wissen. Er hasste die Gefühle, die es in ihm auslöste: diese Angst und Haltlosigkeit.

Angesichts des Nicht-Wissens wurde ihm so speiübel, dass er sich am liebsten in Luft aufgelöst hätte. So ging es ihm immer, wenn sich Ungewissheit derart in sein Leben drängte. *Ich sollte es doch besser wissen!,* dachte er. Er wollte sich einen Reim auf alles machen können, aber vieles war so unsicher. Es schien unmöglich.

Der Junge fragte sich, warum er das Nicht-Wissen eigentlich so hasste. Er hatte von Leuten gehört, denen Nicht-Wissen nichts ausmachte. Sie begegneten dem Unbekannten mit einer Ruhe, wie der Junge sie erleben mochte, würde er ins Meer waten. Der Gedanke entlockte ihm nur Spott – er konnte sich beim besten Willen nicht vorstellen, sich im Ungewissen so zu verhalten!

Einmal, erinnerte er sich, er war noch klein gewesen, hatte er in der Schule eine falsche Antwort gegeben. Die anderen Kinder hatten gekichert und sich über ihn lustig gemacht. »Komm schon!«, hatten sie gerufen. »Sei doch nicht blöd!« Es war ihm so peinlich gewesen, wie sie ihn ausgelacht hatten. Von da an glaubte er, dass er immer alles wissen und recht haben müsse. Er hatte auch immer mehr Beweise dafür gefunden, dass das stimmte. Wie andere ihm Komplimente machten, wenn er etwas wusste, und belustigt reagierten, wenn er danebenlag. Wie sehr ihn Leute mochten, wenn sie seiner Meinung waren, und wie sehr sie ihn ablehnten, wenn nicht. Wie recht zu haben ihm half, wichtig zu erscheinen und die Kontrolle zu behalten. Und alle Welt schien sich da einig!

Je mehr Zeit ins Land ging, desto wahrer erschien ihm die Geschichte. Irgendwann wusste er nicht mehr, dass sie nur ausge-

dacht war. Für ihn war es mittlerweile einfach eine Tatsache: Er musste immer alles wissen und recht haben – war das nicht der Fall, würden ganz schreckliche Dinge geschehen. Und da saß er also an diesem Tag auf der Bank und bekam die Auswirkungen seiner Überzeugung am eigenen Leib zu spüren: die verzweifelte, panische Suche nach Antworten auf Fragen, auf die es keine Antwort gab.

Solche Gedanken wälzte der Junge, als er so dasaß, den Blick unverwandt auf die Bäume gerichtet und seinem Herzschlag lauschend.

Dann geschah ein kleines Wunder. Der Junge erinnerte sich an die Kakerlake. Ihm dämmerte, dass seine Angst vor dem Nicht-Wissen nichts damit zu tun hatte, was das Nicht-Wissen war, sondern damit, wofür er es hielt. Zum ersten Mal seit sehr langer Zeit fragte er sich, was er wirklich über das Wissen wusste und was sein Wissen über irgendetwas wusste: *Was ist Wissen überhaupt?* Er betrachtete das Nicht-Wissen mit Neugier – so wie er es als ganz kleiner Junge, bevor ihn die Kinder zum ersten Mal auslachten, betrachtet hätte. Frieden senkte sich auf ihn herab.

Vielleicht hat es ja wenigstens sein Gutes, wenn ich weiß, dass ich nicht weiß, dachte er. *Aber weiß ich das wirklich?*

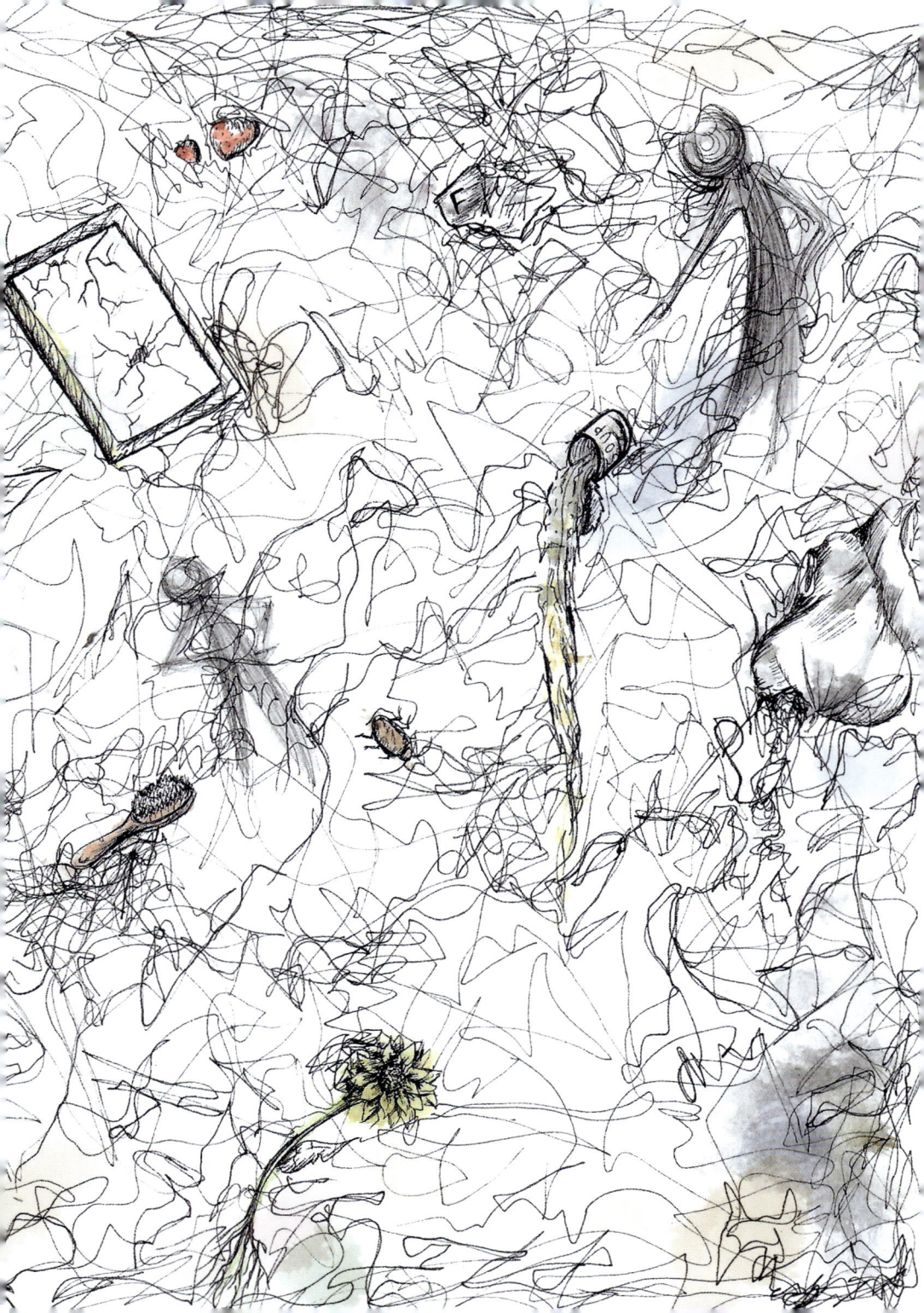

Kapitel zwölf
DER JUNGE UND ALLES

Der Junge ging zu einem Flecken Gras hinüber, einer Lichtung zwischen den Bäumen. Dort setzte er sich nieder und ließ sich noch einmal durch den Kopf gehen, was geschehen war, seit er beim Abendessen am Vortag die Kakerlake gesehen hatte. Er sann über Sachen nach, die er immer geglaubt hatte, die aber vielleicht ja gar nicht stimmten. Dass Kakerlaken ekelhaft seien. Dass er schlecht und nicht liebenswert sei. Dass die Vergangenheit tragisch und die Zukunft schrecklich sei. Dass Liebe Schmerz bedeute. Dass Dinge zu erledigen und Gefühle zu unterdrücken seien. Dass das Leben und der Tod Feinde seien und andere Menschen nicht minder.

Er kam ins Grübeln. Es gab noch andere Geschichten, die er immer geglaubt hatte. Interpretationen, die für ihn zur Wahrheit geworden waren. Dass alte Leute stumpfsinnig und Kinder nervig und nicht zu bändigen seien. Dass Arbeit öde sei und Spielen Spaß mache. Dass Krankheit Schwäche bedeute und Erbrechen eklig sei. Dass Männer stark und Frauen hübsch zu sein hätten. Dass Geld glücklich mache. Dass keins zu haben bedeute, ein Versager zu sein, zu viel davon jedoch egoistisch und böse mache. Dass es

Dinge gäbe, die Menschen tun oder nicht tun können oder sollten. Dass einige Entscheidungen gut und richtig und andere schlecht und falsch seien. Dass die Welt eigentlich so und so sein sollte, aber nicht so sei. Und je mehr er etwas glaubte, desto mehr Beweise fand er auch dafür, bis schließlich alles wahr wurde. *So ist das eben,* hatte er so oft gedacht. *Wie schade!*

Da war er also an diesem Tag im Wald und bekam die Auswirkungen seiner Überzeugungen am eigenen Leib zu spüren: Angst, Verzweiflung, Wut, Reue, Scham und Elend. Angst vor Verbundenheit, Liebe und Neugier. Angst vor dem Tod und Angst vor dem Leben. Er war frei, ohne es zu wissen: gefangen innerhalb der Mauern seiner Deutungen und Geschichten, gefangen im ewigen Schwebezustand seiner selbst erschaffenen Realität.

Nun kamen die Fragen. Er wusste nicht, was Kakerlaken oder auch Menschen waren. Er wusste nicht, was die Vergangenheit bedeutete oder die Zukunft bringen mochte. *Was sind Vergangenheit und Zukunft letztlich anderes als Ideen, die wir in unseren Köpfen mit uns herumtragen?* Als Dinge geschahen, hatte er ihnen eine Bedeutung gegeben oder einer bereits existierenden zugestimmt und war so durch das Leben gegangen, als sei diese Bedeutung die Wahrheit. Dass etwas gut oder schlecht, zu bedauern oder zu feiern, Anlass zum Weinen oder zum Lachen war – all das begründet auf dem, was zu glauben er beschlossen oder man ihm beigebracht hatte.

Was sind wir? Was ist das? Was ist überhaupt irgendetwas?, fragte er sich, als er dasaß und die Bäume betrachtete.

Ihm ging durch den Kopf, was er alles geglaubt hatte. Und dass alles, was er auf sich selbst bezogen und für wahr gehalten hatte, ihm nichts als Leid gebracht hatte. Wie das Bedürfnis seines Verstandes, mit seinen Urteilen recht zu haben, das Leid vergrößert hatte. Er hatte solche Angst, etwas zu wagen, war so unwillig, Risiken einzugehen, und so misstrauisch der Liebe gegenüber. Er war vom imaginären Gewicht seiner früheren Fehlschläge und künftigen Tragödien niedergedrückt und immerzu damit beschäftigt, sich vor den furchterregenden Trugbildern zu schützen, die ihm am meisten Angst machten: dass er gehasst und nicht gemocht wurde, nicht gut, nicht gut genug, zu viel oder zu wenig sei, eine Enttäuschung, dumm, peinlich und wertlos.

Und das, wonach sich seine Seele am meisten sehnte – Verbundenheit, Zugehörigkeit, Erfüllung – eine Partnerin, eine Familie, Gemeinschaft – ein Leben voller Sinn und Freude –, all seine tiefsten Herzenswünsche schienen jedoch unerreichbar, unendlich weit vom Gefängnis seiner Vorstellungen und Überzeugungen entfernt.

Der Junge atmete schwer. Er war es leid zu leiden. Es war es nicht mehr wert. Der Tod klopfte an die Tür, und er wollte auskosten, was ihm vom Leben noch blieb. Es war ihm wichtiger, glücklich zu sein, als recht zu haben.

Der Junge legte sich im Gras nieder. Er schloss die Augen, umfangen von dem Teil von sich, der Liebe und Mitgefühl kannte. »Es ist alles gut«, hörte er sich selbst sagen. »Ich liebe dich. Du bist nicht allein.« Und damit tat er den Schritt aus der Angst und aus seinen Geschichten heraus.

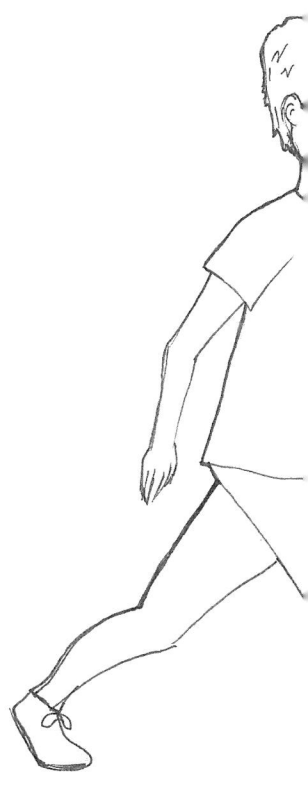

Teil zwei

Eine neue Welt

Er liegt hier für lange Zeit mit geschlossenen Augen.

In der Dunkelheit atmend.

Wahrnehmend, wie es sich anfühlt zu sein.

Nichts ist hier.

Nichts zu tun. Nirgendwohin zu gehen. Niemand zu sein.

Nach einer Weile öffnet der Junge die Augen.

SEIN

Da sind Farben, Linien, Wellen, Bewegung.

Geräusche in seinen Ohren, Windhauch auf seiner Haut, Empfindungen im Inneren.

Er spürt das alles, als spürte er es zum ersten Mal, wie ein Baby, das nach einem langen Schläfchen erwacht. Ohne Bedeutung oder Bezeichnung, ohne Geschichten darüber, was es ist oder nicht ist. Da ist nur Staunen und Gewahrsein.

Er weiß nichts und hat das Gefühl, es gäbe da gar nichts zu wissen. Nichts als das selige Wahrnehmen von Neugier auf jeden einzelnen Augenblick und auf das atemberaubende Wunder des Daseins. Er lächelt freudig. Er staunt über die Erfahrung des Seins; darüber, sich des Seins gewahr zu sein. Und sich des Gewahrseins gewahr zu sein!

DIE WAHL

Stück für Stück fügt sein Verstand das zusammen, was seine Sinne wahrnehmen. Explodierende Farben werden zu Grün und Braun und wandeln sich zum Baum. Aus Freudengetriller wird Vogelgesang. Aus rieselndem Rauschen wird der nahe gelegene Bach.

Er ist im Wald unweit seines Zuhauses und sieht die Bäume, die er schon früher gesehen hat, so, als hätte er sie noch nie zuvor erblickt. Als hätte er noch nie einen Baum gesehen. Etwas regt sich in seinem Herzen. Er beginnt, vor Freude zu weinen, während er entdeckt, was er vorher nie wirklich bemerkt hat: Wie wunderschön das alles ist.

Er blickt neben sich und sieht eine kleine, braune Kreatur im Gras. Ihm fällt ein, dass er ein solches Geschöpf früher einmal Kakerlake genannt hat. Dass er einmal Angst vor ihm hatte.

Er weiß nicht, was es mit diesem Ding auf sich hat. Er weiß nicht, was es mit ihm selbst auf sich hat. Er weiß nichts von irgendetwas. Er weiß nichts von Wissen.

Aber du kannst dir selbst aussuchen, wie du damit umgehst!, hört er die Stimme des Mitgefühls in seinem Herzen sagen. *Was auch geschieht, welche Wahrheit da auch sein mag – du kannst dir aussuchen, wie du damit umgehst.*

Der Junge denkt an den spitzen Schrei seiner Mutter, das grobe Schubsen seines Vaters und den Arztbericht. Er geht mitfühlend mit dem um, der all das erlebt hat. Er sieht keinen Jungen, der verkorkst ist, sondern einen Jungen, dem die Dinge nicht gleichgültig sind. Er sagt ihm, dass er ihn liebt, komme, was da wolle. Dass es ihm leidtut, dass er leidet. Er sagt dem Jungen, dass er Licht und Freude ist, ein Geschenk des Lebens an sich selbst. Er sagt ihm, dass Menschen in unserem Leben ein und aus gehen, so wie Kakerlaken kommen und gehen. Wir können sie lieben, so, wie sie sind, und hinnehmen, was sie nicht sind. Er sagt ihm, dass das Leben ein Geschenk ist. Und dass der Tod es noch kostbarer macht!

Du hast immer eine Wahl, sagt die Stimme in seinem Herzen. Mit Vergangenheit und Zukunft so umzugehen, wie du es für dich wählst. Mit dem Leben so umzugehen, wie du es für dich wählst. Mit dir selbst so umzugehen, wie du es für dich wählst. *Du hast immer eine Wahl.*

»Und ich wähle die Liebe«, sagt der Mann, während er den Jungen in seinem Inneren umarmt.

Bei diesen Worten beginnt der Mann mit einem Mal Beweise für die Liebe wahrzunehmen. Er erinnert sich an den Jungen, der sich spielerisch mit seinem Vater raufte. Der unbeschwert zur Musik tanzte. Und der beim Hören seiner Lieblingssongs mitsang. Er erinnert sich an die Eltern, die sich fürsorglich um ihn kümmerten, wenn er krank war. Er erinnert sich an die Mahlzeiten und das Dach über dem Kopf, die das Leben ihm immer geschenkt hatte. Er denkt an Umarmungen von Freunden und die Hilfe von Wegbegleitern. Er spürt die tröstliche Entspannung eines tiefen Atemzugs. Er erinnert sich an die Schönheit von Sonnenuntergängen, an majestätische Berge und den Zauber, den es mit sich bringt, einander tief in die Augen zu blicken. Er sieht die Grün-, Braun- und Blautöne überall um sich herum. Er nimmt wahr, wie es ist, er zu sein, hier zu sein, Liebe zu sein.

Er setzt sich im Gras auf und lässt die Welt auf sich wirken mitsamt den neuen Möglichkeiten, die sich in seiner Seele andeuten.

Vielleicht ist alles heilig, denkt er mit einem ehrerbietigen Atemzug. *Oder vielleicht ja auch nichts!*

Er lacht verzückt, neu geboren. Der Schöpfer und Zeuge seiner Welt.

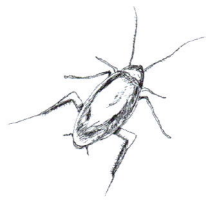

Epilog
DER JUNGE UND DIE KAKERLAKE

Etwas später sitzt der Junge an seinem Tisch und isst zu Abend, im Großen und Ganzen mit sich und der Welt zufrieden. Wie er da so gemütlich vor sich hin kaut, sieht er eine Kakerlake vor sich auf dem Tisch krabbeln. Sie ist bezaubernd. Niedlich und unterhaltsam. Der Junge hat seine Freude an ihr. Er jubelt und redet leise auf sie ein und will, dass die Kakerlake bleibt und nie wieder weggeht.

»Hallo, du Schöne!«, sagt er. »Sei willkommen hier!« Die Kakerlake sitzt einfach nur da und starrt ihn an. Der Junge liebt die Kakerlake. Er liebt die Gefühle, die sie in ihm weckt: diese Freude und Ruhe.

Er hat so viel Spaß an der Kakerlake, dass er sie nie wieder missen möchte. So fühlt er sich immer, wenn ein Gast sein Haus beehrt. *Es macht mich glücklich!*, denkt er. Er beobachtet die Kakerlake, um zu sehen, was sie wohl als Nächstes tun wird. Nichts scheint unmöglich.

Der Junge fragt sich, warum er Kakerlaken eigentlich so liebt. Er hat von Menschen in einem fernen Land gehört, die Kakerlaken wie einen Gott verehren. Sie halten sie verzückt in ihrer Hand, genauso, wie es der Junge jetzt tut. Der Gedanke zaubert ihm ein Lächeln ins Gesicht.

Er erinnert sich an eine Zeit, die noch gar nicht lange her ist. Da hatte er eine Kakerlake gesehen und sich entschieden, wie er mit ihr umgehen würde. »Hallo, du Schöne!«, hatte er gesagt. »Sei willkommen hier!« Es hatte ihn mit Liebe erfüllt, sich selbst diese Worte sagen zu hören. Seit diesem Augenblick ist er der Überzeugung, Kakerlaken seien Freunde, ganz bezaubernd und reizend. Er hat auch immer mehr Beweise dafür gefunden, dass das stimmt. Wie sie die Wand hinaufkriechen, wenn man am wenigsten mit ihnen rechnet. Oder wie sie nachts im Badezimmer auf einen warten mit ihrem schlanken Leib und ihren verspielt umhertastenden Fühlern. Kaum jemand scheint ihm zuzustimmen, aber das ist okay!

Es scheint eine wahre Geschichte, aber er vergisst nie, dass sie frei erfunden ist. Sie ist keine Tatsache, nur eine Möglichkeit, die er gern glauben mag: Kakerlaken sind bezaubernd, niedlich und kleine Kostbarkeiten. Und so sitzt er also an diesem Abend am Tisch und erkennt, welche Bedeutung Kakerlaken heute für ihn haben. Er ist glücklich und frei.

All das geht ihm durch den Kopf, als er dort sitzt und die Kakerlake ansieht. Seine Lippen formen sich zu einem Lächeln.

Der Junge merkt, dass er die Kakerlake nicht nur dafür liebt, was sie ist, sondern auch dafür, dass sie ihm ermöglicht hat, anders über sie zu denken. Der Junge bückt sich und hebt die Kakerlake auf. Er hält sie behutsam in den Händen, bewundert ihre schillernden Farben und das Kitzeln ihrer Berührung. Sie ist ihm heilig. Wie so oft kommt ihm die Frage, was er eigentlich über Kakerlaken weiß: *Was bist du wirklich?* Neugierig betrachtet er sie, so wie er neuerdings das ganze Leben betrachtet. Er setzt die Kakerlake wieder ab, und sie huscht davon. Sein Herz ist von Mitgefühl erfüllt.

Vielleicht sind Kakerlaken ja gar nicht so anders als ich, denkt er.

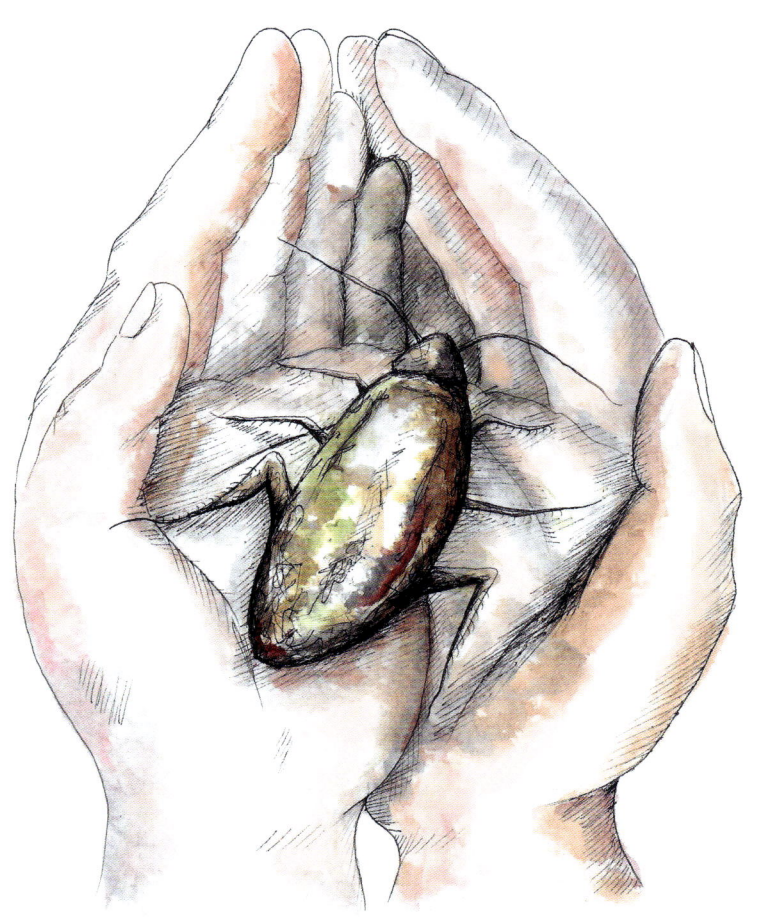

Nachwort

Eine Anmerkung für meine Kinder, die ich noch nicht kennengelernt habe.

Dieses Buch ist für euch. Was ich mir für euch am meisten wünsche, ist ein Leben voller Freude: dass ihr euch leicht damit tut, tief gehende Kontakte zu anderen zu knüpfen, euch das zu erschaffen, was ihr euch ersehnt, und Tag für Tag und in jedem einzelnen Augenblick Erfüllung und Zufriedenheit zu finden. Ich schreibe dies in der Überzeugung, dass das Leben auf diese Weise möglich ist.

In diesem Buch geht es um Erschaffen und Zerstören. Es geht auch um Macht und Stagnation. Es geht um Liebe und Angst. Es geht darum, dass das Leben wundervoll ist oder auch schrecklich, genauso, wie ihr es euch wünscht, oder auch nicht im Entferntesten so, wie ihr es euch wünscht.

Dieses Buch wurde geschrieben, um euch die Möglichkeit zu geben, das Leben zu führen, das ihr euch erträumt und euch selbst und die Welt so zu gestalten, wie ihr es euch von Herzen wünscht. Es handelt von der Macht unserer Überzeugungen, und seine Botschaft lautet: Wir können frei entscheiden, was die Dinge für uns sind, was sie bedeuten und wie wir mit ihnen umgehen. Dazu müssen wir uns vielleicht von einigem verabschieden, was unser Geist für wahr zu halten gelernt hat. Ich glaube, wenn ihr diese Botschaft erkennt und offen, neugierig und liebevoll damit umgeht, werdet ihr frei sein, so dass eure tiefsten Sehnsüchte wahr werden.

Lasst mich euch ganz im Geist dieser Botschaft schließlich noch sagen, wer ihr für mich seid. Ihr seid Engel, Verkörperungen des größten Lichts und der größten Liebe im Universum. Ihr seid Göttinnen, die den himmlischen Schöpfungsfunken in sich tragen. Ihr seid strahlende Kraft, Spiel, Staunen, Vergnügen und Freude. Ihr seid die Zukunft, und mit eurem Licht und eurer Liebe wird für die Menschheit und die Erde gut gesorgt sein.

Möge euer Leben voller Liebe sein, mögt ihr Freude finden in dem, was ihr erschafft und was euch erwartet. Mögen eure Wege leicht sein. Ich liebe und akzeptiere euch genauso wie ihr seid, jetzt gerade und für immer.

Euer euch innig liebender Vater
Matthew

Eine Anmerkung für alle, die dieses Buch lesen

Ich habe mir euch – unbekannt, wie ihr mir seid – beim Schreiben dieses Buchs viele Male vorgestellt und wünsche mir sehr, dass der Junge und sein Weg bei euch und in eurem Leben etwas bewirkt. Ich habe auch viele Male darüber nachgedacht, was ich euch sonst noch mit auf den Weg geben möchte. Einerseits möchte ich, dass die Geschichte so auf euch wirkt, wie sie es eben tut. Und wie auch immer dies aussieht, soll es gesegnet sein. Andererseits wünsche ich euch, dass ihr eine ähnliche Entdeckungsreise – vielleicht noch einmal – erlebt. Und manchmal bringt uns eine Einladung an Orte, die wir sonst vielleicht nicht aufgesucht hätten. Und so gebe ich euch ein paar Hinweise, wie ihr euch selbst besser kennenlernen könnt. Vielleicht macht ihr euch in einem Tagebuch Notizen oder denkt laut mit einem Freund darüber nach.

- Suche dir etwas aus, womit du Probleme hast: Kakerlaken, du selbst, eine Situation – was auch immer das sein mag.
- Welche Gefühle steigen diesbezüglich in dir auf? Erlaube dir, sie in vollem Umfang zu fühlen.
- Was von alldem hat sich für dich bewahrheitet? Welche Auswirkungen hatte das auf das, was du glaubst?
- Nun atme tief ein und aus und versetze dich voll und ganz in diesen Augenblick. Lade dich selbst ein, auf Abstand zu dem zu gehen, was du bislang »gewusst« hast. Untersuche es (die Sache/

Person/Situation/Idee) so, als hättest du es noch nie zuvor erlebt. Betrachte es mit den Augen eines Kindes. Was nimmst du wahr? Was mag hieran sonst noch wahr sein?
- Entscheide, wie du damit umgehen willst!

Wer gern Kontakt zu mir aufnehmen möchte, kann die Website www.howtoholdacockroach.com besuchen. Dort könnt ihr euch anmelden, um neueste Mitteilungen und inspirierende Informationen zu erhalten, sich über soziale Medien zu verbinden oder mir direkt eine Nachricht zukommen zu lassen. Ich würde gern etwas über die »Kakerlaken« in eurem Leben erfahren, ebenso wie darüber, wie ihr euch entschieden habt, mit ihnen umzugehen.

Und schließlich vertraue ich darauf, dass dieses Buch den Weg in die Hände und Herzen derer finden wird, die es am meisten brauchen – wir, die wir frei sind und es vergessen haben. Wenn ihr den Impuls verspürt, ein Exemplar des Buchs an andere weiterzugeben, dann tut das gern.

In Liebe und Wertschätzung,
Matt Maxwell

Danksagung

Mein tiefster Dank gilt:

Mom und Dad. Ihr seid nicht verantwortlich für die Geschichten, die ich geglaubt habe, während ihr auf grandiose Weise euer Bestes gegeben habt. Danke, dass ihr mich mit dem fabelhaften Geschenk des Lebens gesegnet habt.

Meinen Geschwistern, meinem Team für das ganze Leben. Megan, Fels in Gestalt eines Herzens. Mindy, funkensprühender Wagemut. Mark, sanfte Schulter zum Anlehnen. Mason, Traumschmied (und wichtiger Helfer bei der Veröffentlichung dieses Buchs).

Cheri Huber und Ashwini Narayanan, die die Arbeit von Living Compassion leiten, und den Mönchen des Zen Monastery Peace Center. Danke für eure Aufforderung, uns selbst mit den Augen der Liebe zu sehen.

Stacey Smith, Quelle der Ermutigung, Partnerschaft und Liebe, die mich zu dem Ort brachte, aus dem die Worte hervorsprudelten. Ohne dich würde dieses Buch in seiner jetzigen Form nicht existieren.

Den Frauen auf dem Bild. Der Abschiedsschmerz hat mich erst dazu gebracht, den Jungen zu entdecken, ihn zu halten und wiederum von ihm gehalten zu werden.

Devon Smiddy, Mindy Jensen, Jamie Leite, Karla Angel, Carolyn Lohr und Rebecca Joseph, meiner frühen Leserschaft, deren Feedback mich inspiriert und zu der Geschichte enorm beigetragen hat.

Meinen Mastermind-Kolleginnen und -Kollegen Megan Taylor Morrison, Will Drucker, Rachel Hegarty, Elizabeth Tuazon und Hang Zhao, grundlegend wichtige Quellen von Ermutigung, Feedback und Unterstützung.

Kristin Robinson, meinem Co-Host beim Cultivating-Courage-Podcast, in dem ich dieses Buch so viele Male ins Dasein geredet habe, dass es schließlich Realität wurde.

Den Coaches Bob Conlin, Rodney Mueller und Karla Angel, die mich dazu brachten, über die Geschichten hinauszusehen und meine Komfortzone zu verlassen.

Dem Führungspersonal, den Teamkolleginnen und -kollegen sowie den Lehrkräften von Accomplishment Coaching, Landmark and C1, jeder von ihnen ein Leuchtfeuer, das den Weg zu Möglichkeiten und Freiheit aufzeigt.

Allie Daigle, die die Ideen mit derart erstaunlichen und eindrucksvollen Bildern illustriert hat – eine Zusammenarbeit, die alle Erwartungen übertraf.

Enrica Barberis, die das Ganze mit solcher Perfektion zusammenfügte.

Den vielen Philosophinnen und Philosophen sowie Schriftstellerinnen und Schriftstellern, deren Worte und Ideen mein Leben transformierten.

So vielen Menschen in meinem Freundeskreis und meinen Liebsten für ihre Ermutigung und Unterstützung im Laufe der Jahre.

Meiner künftigen Frau und meinen Kindern – ein Traum, der es wert ist, alle Geschichten hinter sich zu lassen.

Dem Jungen. Du wirst über alles geliebt.

Über den Autor

Matt Maxwell wuchs in Colorado und Texas, USA, auf und studierte u.a. Musik und Geschichte, bevor er ein Jura-Studium an der University of Chicago Law School absolvierte. Heute arbeitet er als Coach und hat die Hearthstone Coaching and Consulting gegründet. Er ist gefragter Vortragsredner zu Themen rund um die Persönlichkeitsentwicklung.

instagram.com/mattymaxwell

howtoholdacockroach.com

Über die Illustratorin

Allie Daigle lebt in Connecticut, wo sie als Illustratorin sowohl in traditionellen als auch in neuen Medien aktiv ist. Seit ihrem Abschluss als Bachelor of Arts an der University of Connecticut School of Fine Arts arbeitet sie als freischaffende Künstlerin.

Mehr zu ihren Arbeiten:

alliedaigle.com

instagram.com/a_bagel